ADRESSE

AU GOUVERNEMENT

ET

AU PEUPLE FRANÇAIS.

ADRESSE
AU GOUVERNEMENT
ET
AU PEUPLE FRANÇAIS;

Par Domeny de RIENZI,

CITOYEN FRANÇAIS.

> Tobe, or not tobe ; that is the question.
> Être ou n'être pas, telle est la question.
> SHAKESPEARE.
> Ceux qui gouvernent avec justice ne
> craignent point la vérité ; les tyrans
> seuls la redoutent, comme les fripons
> craignent les réverbères.
> MIRABEAU.

PARIS,

Chez CORRÉARD, Libraire, au Naufragé de la Méduse,
Palais-Royal, galerie de bois.

1820.

De l'imprimerie de Vigor RENAUDIERE,
Marché-neuf Nº. 48.

PRÉFACE NÉCESSAIRE.

LA tyrannie, secondée par l'oligarchie et le papisme, est aux prises avec tous les peuples de l'Europe. Il faut en excepter la Suède, libre sous l'empire d'un des plus illustres enfans de la France, et la Russie soumise à tous les genres de despotisme. C'est avec l'intention de prouver à la nation française et à son gouvernement que c'est une nécessité pour eux de marcher d'accord; c'est pour découvrir à leurs yeux l'abîme qui les entoure, que j'ai entrepris ce faible ouvrage. J'ai fait tous mes efforts pour être vrai et juste, pour éloigner de moi la prévention et l'esprit de parti, pour rappeler aux gouvernans et aux gouvernés leurs droits et leurs devoirs; pour indiquer le mal présent et préparer le bien futur. Je suis constitutionnel et soumis aux lois. Si ma balance penche vers le parti de la nation, c'est que la justice et la raison sont de ce côté, et qu'il n'y a de parti à louer et à suivre que celui-là. J'ai pu me tromper, mais je n'ai eu en prenant la plume d'autre pensée que celle du bien public. Je hais les personnalités, je n'ai attaqué aucun individu dans sa vie privée ; mais je n'ai pu me dispenser de censurer les fonctionnaires publics auteurs de nos malheurs. Leur vie publique appartient à leurs concitoyens. J'ai loué avec plaisir ceux qui ont bien mérité de la nation ; et puissé - je n'avoir jamais que des louanges à donner à nos gouvernans . Tous les jours des journalistes (1) vomissent l'outrage contre les gens en place, ou contre les écrivains qui ne partagent point leurs opinions, au lieu de se borner à discuter les actes du gouvernement ; naguère même, on les a vu attiser le feu de la discorde entre les citoyens. Il est bien malheureux que des hommes appartenant au corps respectable des hommes de lettres se respectent si peu, et qu'ils s'offrent ainsi en spectacle à la malignité et à la sottise des fats et des désœuvrés.

---

(1) L'auteur ne craint pas d'être démenti en exceptant de sa censure les journaux libéraux, et principalement le Censeur, le Courrier et la renommée dont il est rédacteur.

Que dirai-je de l'institut et de nos académies (1) qui se sont condamnés au silence, lorsque les hommes qui cultivent les sciences politiques et l'éloquence devraient prendre l'initiative du courage?

Que dirai-je de certains écrivains qui abusent de l'influence de leurs talens pour tromper le public; qui osent appeler de tous leurs vœux l'étranger dans nos murs ; qui, en faveur de leur parti combattent aujourd'hui (2) la cause qu'ils défendaient hier, parce que leur intérêt a changé et qui louent sans cesse le pouvoir aux dépens de leur conscience.

Malgré l'admiration que m'inspirent les poëmes de Virgile, il devient méprisable à mes yeux, quand pour flatter Auguste il calomnie Brutus. Mais, ô comble de la bassesse! nous avons vu

____

(1) Ceci peut également s'appliquer à plusieurs députés.

Rien n'est plus dégoutant dans notre histoire que ce manque d'uniformité, de constance et fixité dans les opinions et dans la conduite des hommes d'état.

(2) La triste chose que l'aristocratie même en littérature ! distinguant l'Athenée et le Collége de France, où des hommes d'un mérite distingué ont su louer la liberté.

des hommes vendre leurs plumes au ministère , qui, pour avoir un prétexte de tuer la liberté , leur ont commandé la licence , et des Castle, des Grimaldi, dénoncer des conspirations factices organisées par eux et payées par nos gouvernans.

Depuis mon enfance , je me suis dévoué au sacerdoce de la justice et de là vérité ; j'ai donc dû éprouver souvent qu'il est impossible dans ce monde misérable de plaire à la plupart des hommes ; et le nombre des hommes justes est si rare dans les temps de révolution ! Chacun devrait suivre cette maxime de *nos preux Chevaliers*. «*Fais ce que dois, advienne que pourra.*» Quelque sort qui me soit réservé , je ne cesserai jamais de défendre la cause du peuple. Puisse ma destinée rester à jamais impitoyable, si je viole les devoirs que mon sang et mon nom m'imposent, si je ne respecte pas toujours ma devise: « *Justice et vérité , patrie et liberté.* »

Je préfère un revers honorable à un succès honteux. Libre avant le jour où l'on a bien voulu nous accorder cette faible portion de liberté , qu'on a fait sonner si haut , je veux rester libre jusqu'à la mort. Quel mérite y a-t-il d'avoir du courage lorsqu'il n'y a rien à craindre ? C'est parce qu'il y a du danger à écrire ; c'est parce que beaucoup de prétendus libéraux n'osent déjà plus le faire , que je veux parler. Le temps est venu de dire aux hommes la sévère vérité. Je la montrerai toute nue, si l'intérêt de l'humanité l'exige. Il faut que , dans ce reflu d'idées et d'opinions, dans ce mouvement rétrograde des esprits qui m'afflige , et dont je ne saurais assigner le terme , quelques esprits restent stationnaires , ne fût-ce que pour montrer à nos neveux jusqu'à quel point on s'était avancé.

Ami des arts , de la nature et de la retraite , affligé depuis huit mois d'une maladie douloureuse , dont la cause me sera toujours chère , je me dérobe le plus que je peux au tourbillon de la société. Je répète chaque jour avec Frai Luis de Leon (1):

(1) Ce célèbre poète espagnol unissait à un très-beau talent le plus noble caractère.

» Un sommeil que rien ne trouble, un jour pur et riant, une vie innocente et libre, voilà mes vœux. »

Un no rompido sueno
Un dia puro, alegre, libre quiero.

L'espoir d'être encore utile à ma patrie m'a déterminé à repousser les douceurs de la paix qui m'entoure pour me livrer peut-être à de nouveaux dangers : Je puis m'endormir libre, et me réveiller dans les fers. Aujourd'hui les jours sont des siècles, les événemens se pressent comme les eaux des torrens. Cette précipitation funeste m'empêche de rendre cet écrit plus digne du public. J'invoque de nouveau, en faveur de mon âge et de mes bonnes intentions, l'indulgence qu'il m'a accordée dès mes premiers pas dans la science de la politique, la plus importante et la plus difficile de toutes. J'en sens tout le besoin et tout *le prix, et je m'efforcerai de la mériter.*

ADRESSE

AU GOUVERNEMENT

ET

AU PEUPLE FRANÇAIS.

Un ministre courtisan (1), aimable et spirituel, mais ambitieux et faible, administrateur éclairé plutôt qu'homme d'état, le favori du prince, vient de perdre cette puissance colossale dont il aurait pu faire un si noble usage. Vic-

---

(1) M. Decaze a eu tort de ne pas se démettre de ses fonctions quand on lui demandait des mesures arbitraires. Il est naturellement bon ; l'amour des grandeurs, des conseils perfides, et sur-tout les embûches de M. Pasquier qui voulait le supplanter, ont causé ses torts et sa disgrace. Un autre à sa place eût fait beaucoup de mal ; M. Decaze l'a empêché, lorsqu'il lui a été permis d'agir de son chef. Il a provoqué l'ordonnance secourable du 5 septembre ; il a protégé les lettres, et on lui doit l'important établissement du second théâtre français.

time de ses faux calculs, il tombe sous les coups de ceux à qui pourtant il venait de donner des garanties funestes à la France, funestes un jour à eux-mêmes. Comme l'empire d'Alexandre, l'empire de M. Decaze se divise après sa chûte.

Un nouveau ministère vient d'être formé de ses débris : jetons un coup-d'œil sur les hommes qui le composent.

M. de Richelieu, président du conseil des ministres, porte un grand nom. Si comme l'illustre ministre-roi (1), il soumettait, mais sans répandre du sang, une aristocratie menaçante ; s'il faisait respecter la France par les puissances de l'Europe et empêchait celles-ci de s'immiscer dans nos affaires : s'il n'oubliait pas surtout qu'il a signé l'ordonnance du 5 septembre, il se couvrirait de gloire. Je ne parle pas du départ des étrangers qu'on doit à ses négociatians : Breanus a emporté notre or, et le glaive de nos Camille est resté enchaîné. M. de Richelieu possède deux grandes vertus bien rares chez un ministre, la franchise, la générosité ; mais trop de confiance le rendra la dupe des projets de M. Pasquier-Bertrand, dont il sera le raton, ainsi que le fut M. Decaze.

(1) Le cardinal de Richelieu, qui gouvernait sous le nom de Louis XIII.

M. Mounier, fils d'un des plus nobles amis de la liberté, voudra-t-il répudier un si beau patrimoine ? On le dit lié depuis le congrès d'Aix-la-Chapelle au char de M. de Richelieu; faut-il dire, tant mieux ou tant pis ?

M. Hercule de Serre a de grands talens ; il sera vraiment l'Hercule du ministère, s'il y reste. Les amis de la Charte le verraient volontiers dans leurs rangs ; mais s'il faut en croire les nouvelles de la cour, il servirait la faction oligarchique. Il aime la gloire, espérons qu'il ne renoncera pas à la gloire aussi brillante que durable de servir son pays.

M. Portalis a montré plus d'amour pour l'Église que pour la France.

M. Latour-Maubourg fut un général aussi brave qu'estimé. Tiendra-t-il plus au titre de marquis et aux honneurs qu'à sa jambe de bois ? nous verrons bien.

M. Siméon devait défendre la nouvelle loi des élections présentée par M. Decazes, et à ce titre nous sommes autorisés à croire que ce ne sera point lui qui défendra les intérêts de la France. Il aime sa place, et il se garde de répéter près le vieillard de son nom célèbre dans l'histoire juive : *Nunc dimittis.*

M. Roy a paru jusqu'à présent se borner à

sa sphère financière. Nous devons lui en savoir quelque gré.

M. Portal est la créature de M. Decazes et l'ami de M. Pasquier. C'était le *Lepide* de ce dernier triumvirat. Aujourd'hui *il traitera* avec qui il pourra pour se maintenir à la marine. Pauvre marine !..

Quant à M. Pasquier, si on pouvait ajouter au mépris qu'il inspire depuis si long-temps à tous les *gens honnêtes*, on n'aurait qu'à dire qu'il s'est dévoué sans réserve à la faction qui se dit des *honnêtes gens* (ce qui ne le préservera pas plus de l'indignité que MM. les ventrus, dès que la faction oligarchique aura le pouvoir en mains.) On dirait à quelle condition il a remplacé le respectable M. Dessolle ; on dirait que cet homme abominable échappé des fanges de la police, que cet homme qui tremblait à nos yeux lors de la conspiration du célèbre Mallet, que ce Thersite au front d'airain, dont le cœur est pétri de fiel et l'ame dévorée de vengeance, a eu l'impudeur d'annoncer à nos mandataires qu'il gouvernerait arbitrairement, et on dirait enfin qu'il n'a pas frémi de présenter à la signature du Roi, qui l'a repoussée, une liste de 80 proscrits !!!

Que doit-on attendre des nouveaux fonction-naires à qui sont confiées les rènes de l'État ?

Si on en excepte ce proscripteur dont le seul nom est une injure, les ministres ne sont ni des hommes de 1815, ni des hommes vraiment libé-raux. Le gouvernement serait donc en butte à de doubles attaques ? non, car je crains, et tout me l'annonce, que le *Pasquin* qui s'est offert pour soutenir le fardeau de la chose publique, ne soit l'ame secrète du nouveau ministère, comme il le fut de l'ancien.

Élie, avant son départ, n'a point laissé son manteau à *Elisée*. Le faux système de bascule ne nous régira plus, et nous allons passer sous un régime bien plus redoutable.

Ce ministère, grace au Pasquin justement abhorré de tous les partis, va devenir franche-ment ultrà monarchique. Déjà le pacte est signé entre les chefs de l'aristocratie et lui; déjà 1815 est à nos portes plus menaçant, plus terrible. La faction triomphera, mais elle fera un si mons-trueux abus du pouvoir discrétionnaire, que M. le duc Decaze qui a été chercher dans sa ville na-tale le calme bien précieux après tant d'agita-tion sera regretté malgré ses fautes et rappelé par le gouvernement au timon de l'État. Heureux si, renonçant au système de bascule, il voulait enfin sincèrement le bien de la patrie ! Si le système de gouvernement ne change pas, que nous importe le changement des personnes ? Les garanties d'un peuple ne sont point dans les hommes, elles sont dans les institutions. Nous avons tant vu, nous voyons encore chaque jour tant de caméléons, de girouettes politiques, changer de langage et de principes suivant leur position, que la conduite passée d'un homme public n'est pas plus le garant de sa conduite présente, que celle-ci ne le sera de sa conduite à venir.

La disposition actuelle des esprits mérite d'être observée. Une inquiétude générale est répandue dans le corps de la nation ; c'est un malade qu'une fièvre ardente travaille ; il espère et craint tour-à-tour que la crise qui le tourmente ne lui donne la santé ou la mort. Cet état violent ne peut durer, mais il ignore quelle en sera l'issue : ce doute est cruel, d'autant plus cruel que ce peuple tranquille sur sa situation jusqu'à ce moment fatal, a été frappé comme d'un coup de foudre en apprenant que la liberté allait recevoir la mort aussitôt qu'il eût appris la mort du duc de Berri !

Cependant le peuple de Paris et celui des départemens, les journalistes et les écrivains libé-

raux de la capitale et des provinces, ont fait
éclater une vive indignation et une grande douleur, dès qu'ils ont eu connaissance de l'épouvantable attentat du 13 février; et si l'on a vu
des joies féroces au milieu de la consternation
générale, comme l'a dit au Roi M. le premier
président Séguier (que l'histoire, si toutefois elle
s'occupe de lui , ne confondra pas avec celui de
ses respectables aïeux qui vivait au 17e. siècle),
certes ce n'était point parmi le peuple; alors
M. Séguier pourrait nous apprendre dans quel
salon il a vu ces joies féroces. Les hommes mo-
narchiques, au contraire, poussaient des cris de
mort au lieu de gémissemens , excitaient les
français à la guerre civile, accusaient traîtreu-
sement les bonapartistes, les républicains, les
royalistes constitutionnels , les officiers de la
vieille armée, pour venger l'infortuné duc de
Berri; calomniaient la nation, appelaient l'étranger ses alliés naturels; provoquaient, sonnaient
le tocsin d'une nouvelle Saint-Barthelemi sur
eux. En vain *Louvel* a-t-il déclaré cent fois
avec fierté, et toutes les recherches ont-elles dé-
montré qu'il n'a pas de complices, désespérée
de cet aveu, cette incorrigible minorité ne renonce point à ses desseins; il lui faut du sang.
Déjà les *verdets* se réorganisent à Toulouse ; les

farandoles recommencent à Nîmes; Avignon et Marseille sont en fermentation; les ci-devant seigneurs de la Vendée poussent encore le peuple à la révolte : les patriotes ou libéraux, c'est-à-dire la nation, car on compte en France un *servile* sur mille *libéraux*, sont calmes et gardent une attitude imposante.

Le feu Roi d'Angleterre, *Georges III*, a failli succomber, et sous le poignard de *Margaret Nichols*, et sous le pistolet d'Hatsfield; le jury prononça contre eux le verdict *lunacy* (démence); ils furent enfermés comme insensés, et on se garda bien d'inculper la nation et les écrivains anglais, ni d'irriter leur juste colère. C'est cependant sous ce prétexte que les ultra accorderont au ministère le pouvoir illimité qu'il demande, parce que le ministère leur a promis protection et partialité. Ces hommes qui ne veulent la liberté que pour eux et qui ont été les esclaves du pouvoir sous la république, sous l'empire, comme aujourd'hui, ne seront libéraux que l'orsqu'ils ne pourront être tyrans.

Entendez les sermons politico-religieux des missionnaires de l'ouest et du midi; entendez les sermons des gazetiers à leur solde; c'est la liberté et l'athéisme qui ont mis le poignard aux mains de Louvel. Il faut, répètent-ils, après l'archevêque de Paris, « mettre un frein à la propagation des doctrines *irréligieuses* et *philosophiques*, parce qu'elles renversent la monarchie et détruisent la société ». Ils ajoutent : le crime de l'athéisme sur-tout mérite la mort. Quel horrible blasphême ! O sainte liberté, céleste philosophie, quels sont vos calomniateurs ! Mais la nation n'a pas été la dupe des cris et du charlatanisme de ces forcenés ; déjà leurs dénonciations, leurs séductions, leurs menaces, leurs lettres anonymes, leurs provocations atroces et mal avisées sont restées sans effet ; déjà le maire de Ribecourt, le commissaire de police de Troyes, les parens du comte de Greffulhe, pair de France, ont démenti ces homicides calomnies de la faction ; leurs moyens sont devenus impuissans, ils sont usés ; ce sont ceux de 93 et de 1815.

Le peuple est le défenseur né de ces libéraux qui ont été ses défenseurs toutes les fois qu'il a été calomnié par les soutiens de l'aristocratie. De quelque masque qu'ils se couvrent, le peuple saura distinguer ses amis et ses ennemis. Non, il ne croira jamais que les écrivains qui prêchent l'inviolabilité de la Charte, l'obéissance aux lois, la liberté des consciences comme les meilleurs garanties du trône, et qui défen-

dent l'indépendance de leur pays contre l'ambition pontificale, soient des révolutionnaires ou
des athées. Je ne pense pas qu'en aucun siècle,
les écrivains aient plus respecté les croyances
religieuses que dans celui-ci; et quand même
Louvel se serait armé au nom de la liberté, et
aurait été cuirassé par l'athéisme, doit-on enchaîner la philosophie et la liberté ?

Est-ce la liberté, est-ce la philosophie qui a
ordonné les crimes de Louis XI, le massacre de
la Saint-Barthélemi, la révocation de l'édit de
Nantes, la terreur de 1815? Non, pas plus que
l'évangile ; c'est le despotisme, le fanatisme
d'une religion dominante et exclusive, fanatisme qui a aiguisé le poignard des Jacques Clé-
ment, des Barrière, des Ravaillac, des Damiens.
Je dis plus, si, par de justes représailles, nous
voulions attaquer après nous être defendus, ne
pourrions-nous pas dire que ce sont les doctrines
régicides des Jésuites, et l'horreur que lui inspira
la faction qui désola la France en 1815, qui a
familiarisé Louvel avec l'idée de répandre le sang
des enfans des rois. Qui doit-on soupçonner ?
celui contre les intérêts duquel on agit, ou bien
celui au profit de qui tourne l'événement.

En effet, le lendemain du meurtre, les obigarques et le clergé ont voulu exploiter à leur profit et aux dépens du peuple la mort dont ce peuple était innocent. Toujours justes néanmoins, même envers ceux qui se sont faits nos ennemis, nous pensons que les ultrà ni le clergé ne sont pas plus que les libéraux les complices de Louvel. Cependant le ministère a saisi hardiment cet horrible prétexte, et malgré près de 100,000 pétitions, malgré le vœu bien prononcé de la nation française contre les attentats à la Charte, à la loi des élections, et contre les lois d'exception, on a présenté à la hâte à ses représentans trois lois destructives de toutes nos libertés, lois qui s'élaboraient dans les conseils depuis plusieurs mois, et qu'on n'avait pas osé auparavant présenter, par la certitude qu'on avait de les voir repousser. Cette mesure rappelle une pensée de Kosciusko, du noble compagnon de Washington et de Lafayette. « Mon ami (me disait-il) plus votre gouvernement paraît détester la personne de Napoléon Bonaparte, plus il suit le misérable système de ce tyran. »

Berri n'est pas encore descendu dans la tombe; on attend cet instant, sans doute, pour ensevelir la Charte avec lui, pour lui sacrifier toutes nos libertés en hécatombe; oui, toutes nos libertés

Les trois lois proposées ont été accueillies unanimement par un sentiment d'horreur. La nation, d'où émanent tout bien, toute grandeur, toute force, toute souveraineté et tout pouvoir légitimes les repousse avec indignation. Ce serait un crime de lèse-nation que de lui imposer des lois liberticides qu'elle déteste et dont elle a fait une si triste et si longue expérience. Elles sont d'ailleurs inadmissibles ; mais si les puissances étrangères imitent le fatal exemple qu'elles ont peut-être commandé, il n'existera plus aucune garantie pour la durée du repos de l'Europe.

Je ne sache pas que dans aucun pays régi par une constitution représentative, il ait jamais été rédigé une loi plus défectueuse que la nouvelle loi des élections qu'on devrait appeler loi des désignation. C'est un factum indigeste contre les libéraux ou le peuple. Par elle, « le système représentatif est détruit, ou, plutôt, ce qui est bien pis, on en conserve un fantôme à peu près pareil à ce qui existait sous le régime impérial. Les impôts et les lois seront votés par de hauts et de bas députés, que nommeront de hauts et de bas électeurs, dont toutes les opérations sont mises, sans contrôles, dans la main

du gouvernement. Ces hauts et bas députés seront, selon le bon plaisir ministériel, ou renou-
velés par cinquième, ainsi que l'exigeait une des
anciennes constitutions de la France, appelée
Charte, ou maintenus en fonctions pendant six,
sept, huit, neuf ou dix années. »

Le projet du nouveau code électoral menace
les acquéreurs des biens nationaux, puisqu'il
tend à reporter sur la grande propriété l'influence que la loi du 5 février avait divisée entre
la propriété industrielle et la propriété foncière
moyenne. N'y a-t-il pas assez de la chambre
des Pairs pour défendre les intérêts de la grande
propriété, et le peuple, c'est-à-dire, la classe
moyenne, ne doit-il plus avoir qu'une repré-
sentation illusoire ?

» A cette proposition sont joints deux corrol-
laires indispensables, dont l'objet est d'étouffer
la liberté d'opinions sous la censure, et la liberté
individuelle sous les lettres de cachet.

Ainsi, du jour où ce régime sera mis en vi-
gueur, les lois comme l'administration, les
écrits comme les personnes, appartiendront ex-
clusivement au ministère ; toutes ses mesures
sont prises pour que citoyens ou députés (rede-
venus citoyens d'un jour à l'autre) expient, sans
tarder, le crime de l'opposition nationale ; l'u-

nanimité est acquise au pouvoir par la censure ou par les prisons. Il pourra, s'il juge la rigueur inutile à ses vues, ou s'il n'est pas emporté par une force supérieure à ses desseins, ne point multiplier les victimes ; mais s'il croit convenable de couvrir la France de bastilles, il y aura usage, et non point abus de sa terrible autorité. La nation française n'aura plus rien à voir dans ses propres intérêts. Ce sera une malheureuse orpheline privée de son Roi constitutionnel, et soumise aux volontés absolues d'un ministère - tuteur, qui, plus secondé que gêné par un conseil de famille dont il sera maître, nous fera du mal sans responsabilité d'aucune sorte, ou du bien d'une étrange façon. Quelques hommes prétendent qu'il doit en être ainsi pour notre salut, et que, dans un temps donné, le bonheur, l'union et la paix générale naîtront infailliblement de ces mesures. Puissent-ils ne pas se tromper dans un calcul dont le 5 septembre a dû leur montrer déjà la fausseté ! (Renommée, 17 février.) »

Mais, puisque le ministère traite les amis des lois de *factieux*, et les factieux d'hommes *fidèles*, nos députés doivent exiger qu'on justifie les inculpations qu'on a insérées dans l'exposé des motifs de la nouvelle loi d'élections. Avant de punir toute la France, ils doivent demander une enquête pour s'assurer si l'accusation est fondée. Nous sommes assurés que cette mesure confondra les calomnies de nos ennemis.

Le projet de loi sur, ou plutôt contre la *liberté individuelle*, qu'on doit nommer à juste titre *loi des suspects*, est une conception épouvantable; je la crois même nuisible au gouvernement. Si elle était adoptée, chaque Français perdrait la propriété la plus sacrée, la propriété de sa personne. Nous pourrions être arrêtés selon le caprice de MM. tels ou tels, sans que vos amis pussent savoir ce que vous êtes devenu; punis sans être légalement jugés; condamnés sans être juridiquement convaincus; mis au secret, emprisonnés peut-être dans un cachot infect; et si, après tant de cruautés, on était rendu au jour et à la liberté, vous n'auriez pas la consolation d'être réintégré dans votre honneur, puisqu'on ignorerait le motif de votre emprisonnement.

Nos hommes de la police n'ont pas oublié *les oubliettes de Ruel*. Il est vrai que M. Pasquier a daigné faire la promesse à la chambre des députés de ne jamais abuser du pouvoir extraordinaire dont il réclame l'usage pour un an. La promesse de M. Pasquier !..... Peut-on insulter avec plus d'effronterie à l'assemblée des représentans d'une grande nation !

(24)

Quant à la liberté de la presse , il est difficile
de dire du neuf sur un sujet qu'on a si souvent
traité. Les Français en ont joui sous l'Assemblée
constituante, et elle a été enchaînée sous la Convention. Si Napoléon l'avait respectée , elle l'aurait averti et sauvé des piéges de ses flatteurs, du
système destructif des conquêtes, et du danger de
fouler aux pieds les lois et de braver l'opinion,
cette souveraine des peuples et des Rois ; mais
la vérité ne s'est faite entendre que pour lui
dire qu'il avait cessé de régner. Aujourd'hui toute
la science des gouvernemens consiste à entendre
l'opinion, à la comprendre et à y céder à propos.

En 1815 la liberté a été enchaînée de nouveau ;
elle nous a été rendue depuis huit mois; jugez les
deux époques. Nos endormeurs croient-ils que
neuf mois de liberté suffisent à un peuple courageux et éclairé ? Les malheureux proscrits
rentrés auraient-ils été attirés dans un piége ?
Veut-on nous réduire au sort de quelques peuples de l'Orient. Là , les administrés doivent
être muets : là, la plainte est une révolte ; mais
si nous sommes régis par les lois proposées , je le
dis avec conviction , les Turcs , les Persans , les
Ethiopiens même seraient plus libres que nous ,
je préférerais retourner chez ces peuples mal
appréciés en Europe, et vivre encore une fois dans

le desert, que de rester en France sous le régime affreux qu'on nous prépare (1).

La censure qu'on veut établir pour cinq ans,
non-seulement empêchera le bien, mais elle
favorisera directement le mal. L'opinion ne doit
avoir d'autre adversaire que l'opinion ; si elle est
fausse, c'est la vérité elle-même qui la combat-
tra, et la vérité finit toujours par triompher de
tous les obstacles qu'on élève pour l'étouffer. O
honte ! ô douleur ! dans moins d'un mois, peut-
être, la liberté de la presse existera à Madrid,
et la France serait muette !...

« La liberté de la presse est la garantie des autres libertés, et la seule des institutions promises par la constitution dont nous avons acquis
la possession régulière, la seule dont l'usage lé-
gal puisse hâter la mise en activité des dispositions dont nous ne jouissons encore qu'en espérances. Ainsi, en la perdant, nous perdons tout,
le présent et l'avenir.

----

(1) Dans ces états despotiques, la vie et la fortune des
grands est quelquefois exposée à la cupidité ou à la
crainte des sultans ; mais les simples particuliers sont à
l'abri de leur tyrannie. La foudre frappe les palais, elle
épargne la chaumière.

Il n'y a point de loi pour la responsabilité des ministres ; il n'y a point d'organisation pour le régime municipal : le citoyen n'a donc ni égide contre l'arbitraire , ni organe auprès du trône. Le droit même de pétition , droit naturel , droit social , droit imprescriptible , gêné par des préfets , contesté par un parti , a été obligé de se réfugier dans les journaux. Leur publicité interdite , la demande et la plainte n'ont plus d'issue pour arriver au prince que par des intermédiaires souvent intéressés à les étouffer ; et le monarque et le peuple ne se trouvant plus en perspective , auraient à craindre les dangers d'un isolement qui augmente toujours insensiblement la distance qui les sépare , et finit quelquefois par dérober aux yeux du Roi les affections de la nation , et aux yeux de la nation la popularité du Roi.

Ces lois ont été présentées au milieu de fâcheuses préventions , de craintes non fondées. Les arbitres de nos destins ont besoin d'être calmes pour être justes ; le magistrat , chargé des intérêts d'un simple particulier , doit être impartial comme la loi ; le législateur , dépositaire de l'honneur d'une grande nation , doit être impassible comme les dieux d'Homère.

Oui , l'honneur de la nation y est intéressé ;

les écrits de l'oligarchie répandent des imputa-
tions affreuses, des calomnies atroces ; cependant accuser les libéraux, c'est accuser les dispositions des citoyens qui partagent leurs principes ; accuser le patriotisme du peuple, qui ap-
plaudit à leurs opinions, les réduire au silence
dans ce moment, ce serait les condamner par le
fait, ce serait les livrer à leurs adversaires, qui
crient aux armes contre les constitutionnels,
comme si le respect pour la Charte était un délit,
et qui crient haro contre les Français, comme si
'amour de l'indépendance était un opprobre. »
« L'indignation et l'effroi que dans le public ont
causé les deux dernières lois d'exception ressus-
citées de 1815, semblaient avoir été partagés
par les deux chambres, et l'on croyait qu'elles
repousseraient sans hésiter cette audacieuse ten-
tative du despotisme ministériel ; mais, comme
si la nation devait être successivement déçue
dans toutes ses espérances, les chambres paraissent vouloir suivre une marche différente de
celle qu'on espérait de leur patriotisme. Nous ne
combattrons pas les motifs qui ont fait juger à la
commission de la chambre des pairs que nos
lois répressives des abus de la presse n'étaient pas
suffisantes ; la discussion fera connaître au public jusqu'à quel point ces motifs sont fondés.

Nous n'entreprendrons pas non plus de démon-
trer à la commission de la chambre des députés
que la législation ordinaire est plus que suffi-
sante pour poursuivre et prévenir tout attentat
contre la sûreté du trône : tout le monde en
est convaincu, et cette question est jugée d'a-
vance. Mais ce que nous déplorons sincèrement,
c'est que l'une et l'autre commission paraissent
croire que ces deux lois, radicalement mau-
vaises, puissent être rendues admissibles et sup-
portables par des amendemens et des corrections.
Une telle concession doit nécessairement entraî-
ner la ruine totale de la liberté, et les députés
qui assumeront sur eux une si terrible responsabilité, devraient encore songer qu'ils fourni-
ront au pouvoir des armes contre eux-mêmes.

Si la chambre des pairs accorde la censure des
journaux seulement jusqu'à la fin de la session,
et que la chambre des députés ratifie cette concession ; si, d'un autre côté, la loi sur la liberté individuelle passe avec les restrictions de la
commission, tendant principalement à limiter à
un mois la durée de l'emprisonnement de tout
individu qui, pendant ce temps, n'aura pas été
renvoyé devant un tribunal, il est évident que
le ministère aura obtenu tout autant de moyens
qu'il lui en faut pour compléter l'anéantissement

des libertés nationales. En effet, une fois dispo-
sant des journaux, il pourra étouffer à son gré la
discussion sur la loi des élections, et cette loi,
réprouvée par l'opinion, passera pour ainsi dire
sans que le public en ait été averti. C'est le dernier service qu'il exigera de la chambre des députés, qui sera dissoute immédiatement après.

Le ministère se trouvera alors maître absolu
des élections. Quand même la nouvelle loi ne lui
donnerait pas dirrésistibles moyens d'influence,
la suspension de la liberté individuelle lui ga-
rantit un succès complet. Qu'importe, en effet,
qu'on ne puisse retenir un homme en prison
pendant plus d'un mois, pourvu qu'on puisse
l'arrêter sans motif? Les élections ne durent que
huit jours, et l'arrestation de tout électeur dont
le ministère redouterait l'influence, le mettra à
même de faire nommer ses créatures sans l'ombre
d'opposition. On rendra ensuite la liberté aux
détenus, en leur disant qu'on s'était trompé.
Mais les élections seront finies, et le sort de la
France décidé.

Quand le ministère aura ainsi une chambre à
lui, il est superflu de dire qu'il fera perpétuer
sans difficulté le droit d'incarcérer tout citoyen
à sa fantaisie, et d'étouffer la pensée sous des
mesures préventives.

Voilà à quoi nous conduit inévitablement le système de concession que semblent vouloir adopter
leschambres. Si, en rejetant les mesures proposées par le ministère, elles ne le mettent pas dans
la nécessité de leur en présenter de moins indignes
de leur approbation, toutes les libertés sont per-
dues, et la Charte agonisante aura bientôt rendu
son dernier soupir. » Renommée des 19 et 26 fév.

Après avoir demandé deux lois qui enchaî-
nent tout, l'homme, le corps et la pensée, le
ministère demandera les moyens de détruire la
pensée et les corps. Nous verrons rétablir les
cours prévôtales, qu'on organisera peut-être
comme celle que le congrès de Carlsbad, qui a
livré d'avance la docte Allemagne à la Russie,
a établi à Mayence. Cette cour, formée sur le
modèle de la cour veimique créée par Charle-
magne contre les Saxons, remplacera l'ancien
tribunal de l'empire Germanique qui existait à
Wetzlar, connu sous le nom de *Reichs Ka-
mergericht*. Ce n'est pas sans dessein qu'on a
choisi pour son siége une ville naguère française, et située à nos portes. Serait-ce là un des
articles secrets du traité de la Sainte-Alliance ?
Dans cette incertitude, nous devons en conscience
prévenir les libéraux de prendre des passe-ports
pour Barca ou pour Dahoníai ; car ce tribunal ou

cette inquisition d'état, est plus terrible que n'était le conseil des Dix à Venise, et n'a d'égal que l'infernale inquisition diEspagne et de Goa.

Je ne crains pas de le dire dans l'intérêt de l'ordre, le gouvernement ne doit pas oublier que les plus grands mobiles de la révolution ont été la haine du peuple pour les lettres de cachet, la censure des écrits et les exécutions : il a un intérêt pressant à resserrer le lien qui l'unit au peuple et qui résulte de la Charte ; s'il le relâche, il restera isolé au milieu de lui, et s'il est isolé, il tombera.

Répétons-le pour le bien de tous, ce n'est que dans la Charte que consiste la véritable force du gouvernement. C'est une forteresse dans laquelle il doit se retrancher, et d'où il bravera tous les assauts. Elle doit être l'arche sainte des Français jusqu'à l'extinction totale des partis. Ce n'est pas que je prétende que cette loi fondamentale soit exempte de défauts : nous avons signalés ceux que nous avons cru y remarquer lorsqu'elle a paru. On pourrait trouver mieux ailleurs, et sur-tout dans la constitution préparée par la chambre des représentans, après la seconde chûte de Napoléon. Je ne prétends pas non plus qu'on ne puisse jamais y toucher ; on peut la reviser sans doute un jonr, mais ce ne doit être que lorsque la France sera calme et que son éducation constitutionnelle sera terminée, et encore à de longs intervalles. On consacrerait alors à sa révision des formes particulières et solennelles ; elle serait soumise, par exemple, aux électeurs qui l'agréeraient, après en avoir reçu la mission des assemblées primaires rétablies, convoqueés *ad hoc*, et qui nommeraient une nouvelle chambre pour discuter ces révisions désirées par le peuple. Je ne sais *pas même* si, en adoptant de pareils moyens, l'Angleterre ne serait pas sauvée des troubles qui la menacent.

Ce n'est qu'avec timidité que j'ai osé communiquer au public mes faibles vues sur un sujet aussi important. Je réclame toute son indulgence en faveur de mon amour pour le bien public.

Quoi qu'il en soit, depuis trois mois passés, depuis le discours effrayant de la couronne, toutes les inquiétudes ont été réveillées, tous les intérêts ont été menacés. Le sanglant événement qui vient d'éclater a redoublé toutes les craintes, a détruit toute confiance. La loi sur les engagistes et les échangistes n'a pas rassuré la classe des acquéreurs des différens domaines nationaux et de l'État, qui compte onze millions de Français, c'est-à-dire plus d'un tiers de la nation, et l'acte additionnel de M. Pasquier, que M. Decaze a eu la faiblesse de présenter, a jeté l'alarme parmi eux.

Conseillers du monarque, laissez-là les détours et avouez franchement que sous le prétexte de consolider ou de modifier, vous voulez détruire la constitution jurée par le Roi, les princes, les deux chambres, la majorité des citoyens, et vous-même, pour arriver plutôt à la monarchie absolue, au régime féodal et à l'éducation monacale.

Ignorez-vous, ô gouvernans, que tous les gouvernemens qui se sont mis au-dessus des lois ont succombé? Si vous le savez, comment cette crainte ne vous retient-elle pas? Pensez-vous être plus habiles ou plus heureux que vos prédécesseurs? Sans sortir de la France et sans parler des princes qui ont payé de leur tête le mépris des lois et des vœux des peuples, l'assemblée législative supprima la première constitution monarchique ; elle est tombée : la Convention ne fit pas exécuter la première constitution républicaine ; elle est tombée : le directoire viola la seconde ; il est tombé : Napoléon et le *Sénat conservateur* de ses actes despotiques, rapportèrent la constitution consulaire et violèrent celle de l'Empire ; ils sont tombés : la Charte est violée en 1814 par les Blacas et les Montesquiou d'insultante et sinistre mémoire, le Roi est obligé de quitter le royaume (1).

Le peuple français voyant que les lois ne sont pas respectées par ceux qui sont chargés de les maintenir, justement fatigué de changemens interminables, toujours écrasé d'impôts, épuisé, agonisant, est devenu presque indifférent sur le sort des gouvernemens qui se sont succédés, et qui, loin de lui être tutélaires, n'ont cessé de l'écraser ou de l'asservir par la lassitude.

Mais si l'indifférence, la lassitude, peuvent détruire la force, l'esprit public, le patriotisme d'une nation, le gouvernement qui ne marche pas appuyé par la nation, est prêt à tomber. On rassemble en toute hâte la garde royale aux environs de la capitale. Penserait-on employer l'armée pour nous enchaîner ? Mais un grand peuple ne craint

____

(1) Depuis l'assemblée constituante, jusqu'à ce jour, la France a eu huit constitutions, y compris l'acte additionnel de Napoléon et la constitution des représentans de 1815.

point une petite armée, et nos soldats, à moins
d'être des barbares, ne voudront pas être les ins-
trumens du despotisme. Ils n'oublieront pas
qu'ils sont Français, qu'ils n'ont pas cessé d'être
citoyens, qu'ils sont nourris par nous pour nous
défendre et non pour nous écraser; et quand ces
soldats reconnaîtront parmi nous leurs frères et
leurs parens, baissant aussitôt leurs armes, ils
s'écrieront : Nous sommes aussi le peuple, montrez nous l'ennemi; et leur glaive muet, comme
la foudre éteinte, se réveillera en courroux contre
les auteurs de nos maux.

Roi constitutionnel de la France, nous vous
supplions de garantir l'indépendance de la patrie
au-dehors, et sa liberté au-dedans. Ce n'est point
la liberté telle que la peignent les ennemis du
peuple, armée de torches et de poignards que
nous vous demandons, mais la véritable liberté
qui n'est que la justice. Sire, ne perdez point
de vue les réflexions suivantes : « Sous ce règne
(celui de *Charles II*, influencé par son frère
Jacques le dévôt) le gouvernement Anglais, vendu
à celui de la France, fit quelquefois regretter le
temps où l'usurpateur Cromwel rendait sa nation
respectable ». (Voltaire, *Essai sur les Mœurs*.)

N'oubliez point que le malheureux Charles Ier,

dirigé par les grands, les courtisans et le clergé qui lui prêchaient *le pouvoir absolu, fondé sur le droit divin*, fut décapité par le peuple ; que *Jacques II* fut banni de l'Angleterre pour avoir écouté de semblables conseils donnés par les mêmes hommes dans le dessein de régner eux seuls sous le nom du monarque, et de se garantir de la haine qu'ils avaient attirée sur lui. Sire, n'oubliez pas que le jésuite Letellier, confesseur de Louis XIV, perdit la France par les conseils qu'il donna à ce monarque peu éclairé, faible et despote à la fois, et maîtrisé en outre par l'orgueilleuse Maintenon.

L'antiquité n'a connu ni la puissance féodale, ni la puissance ecclésiastique, et presque jamais les opinions religieuses n'ont été un titre de condamnation chez les anciens. Aussi les peuples de l'antiquité n'ont pas éprouvé ces guerres des *nobles* contre les *vilains*, et celles qui, suscitées par la politique des papes et l'ambition du clergé, ont couvert le monde de bûchers et l'ont inondé de sang.

Sire, arrêtez donc dans leurs progrès naissans la puissance féodale et la puissance ecclésiastique. *Gustave Vasa* voulait délivrer sa patrie de la tyrannie de *Christiern* et de l'église. Il rencontre dans le clergé et la noblesse, une résistance bien

calculée ; il appelle à son secours la nation, c'est
à-dire, les corps respectables et seuls nécessaires
de la bourgeoisie et des paysans ; le succès n'est
plus douteux ; il établit sa puissance, et les braves
Suédois sont libres.

Le profond Montesquieu l'a dit : « Malheur à
tout prince qui se laisse opprimer par un parti
qui est le dominant. » Un roi se doit tout entier
au bonheur de son peuple et non à celui d'une
classe ; de même qu'Agis et Codrus, il doit se sacrifier pour le sauver, et ne jamais rien faire sur-
tout qui soit contraire à ses vœux et à ses besoins.
Je hais Louis XIV, dont on aurait dû attendre la
mort avant de lui donner le nom de grand, si peu
mérité ; je hais Louis XIV, lorsqu'il vient au parlement en bottes fortes, le fouet à la main, pour
faire enrégistrer ses édits. Je chéris Henri IV,
quand au sortir du parlement, où il avait été aussi
porter des édits bursaux, apprenant que le peuple ne criait pas vive le roi, revient chez lui triste
et dit à ses courtisans : « Ils ne sont pas contens
de moi, ils ne m'ont rien dit. » Et puis retourne
tout-à-coup au palais pour retirer ses édits, s'é-
criant : « Il vaut mieux que je n'ai point d'argent
et que mon peuple soit content. » Il est si facile
à un roi de se faire adorer. Bon Henri, le sou-
venir de tes vertus m'arrache des larmes !

Sire , méfiez-vous des ministres corrompus qui vous trompent et abusent de votre autorité ; méfiez-vous surtout des conseils empestés des grands et des hommes de cour ; leurs conseils et leur résistance intéressée n'ont pas été une des moindres causes de la mort de votre malheureux frère Louis XVI. Méfiez-vous des flatteurs , ils sont le fléau des Princes et des Etats : ils loue-ront toutes vos actions ; et si jamais , vous , si puissant , vous vous vengiez des petits parce qu'ils auraient osé vous adresser des avis dans l'intérêt du trône et des citoyens , ils vous loue-ront encore, ils vous loueront toujours : Ils ont loué Alexandre quand il brûla Persépolis ; ils ont loué Charles IX , quand il égorgea ses sujets.

Sire , vous avez juré de respecter la Charte , vous-êtes homme et Français avant que d'être roi : les rois meurent et la patrie ne meurt jamais.

Ah ! si vous accordiez à la France tous les bienfaits que votre Charte nous a promis, jamais chef ni souverain n'aurait été plus chéri que vous ; alors , Sire , vous seriez le premier citoyen de l'empire ; vous n'auriez pas besoin d'étran-gers pour vous garder ; vous le seriez par l'amour du peuple , bouclier le plus impénétrable ; il n'est pas un Français qui ne fût jaloux de périr pour défendre un Prince restaurateur de la liberté et sauveur de la Patrie.

Pairs de France , rappelez-vous que les seigneurs anglais forcèrent Jean Sanserre, en 1215, de donner à l'Angleterre la grande Charte ; rappelez-vons la mort de Biron et du duc de Bouteville , victimes justement punies de leur ambition et de leur rebellion au Roi.

Députés de la France au 19e. siècle , imitez ces députés du parlement de Normandie au 18e., qui rappelèrent à Louis XV le serment de son sacre , et qui eurent le courage, qui n'est aujourd'hui que votre droit de lui dire , votre seul serment est déjà un contrat entre le trône et la nation.

Vous le savez , les guerres de la liberté contre les priviléges ont ensanglanté l'Europe dans les XIV , XV et XVI siècles. Presque sous tous les règnes la noblesse fut un corps de factieux qui troublaient l'Etat, menaçaient le trône et opprimaient le peuple : le clergé catholique, toujours intolérant et ambitieux, soutint toujours la noblesse contre les rois et le peuple, dans le dessein de mieux les asservir l'un et l'autre. Car, la guerre entre la liberté et le despotisme, qui dure depuis 30 ans, est aussi ancienne que notre histoire.

Les Gaulois furent libres et créèrent le système municipal ; les Francs étaient libres et nommaient leurs chefs.

En effet, en bien étudiant notre histoire, nous y verrons que le gouvernement des premiers rois Mérovingiens était presque démocratique, et comme l'a fort bien observé Mme. de Staël, dont je ne puis me lasser d'admirer le génie : « Non, ce n'est point la liberté, c'est le despotisme qui est nouveau en France. »

La Charte nous a rendu cette liberté dont nous trouvons la date certaine dans les célèbres états de 1484, assemblés sous la minorité de Charles VIII, liberté que *Louis XII, le père du peuple,* dégagé de la tyrannie féodale, augmenta lui-même en faveur du tiers-état, ce qui veut toujours dire la nation, et que celle-ci laissa usurper peu après.

La Charte ne tire point son origine d'Angleterre comme l'ont prétendu la plupart des politiques de café, elle dérive du droit public reconnu 330 ans avant la restauration. L'Angleterre se l'est appropriée adroitement ainsi que le jury, qu'on croit faussement lui devoir, et tant d'autres découvertes glorieuses et utiles que nous pouvons à bon droit lui revendiquer.

La France n'est donc point révolutionnaire pour vouloir, en 1820, ce qu'elle voulait en 1789, ce qu'elle dut à Charles VIII, à Louis XII, et que lui ravit ce François Ier., qui avait quelques qualités privées, mais qui fit à la France autant de mal qu'il aurait pu lui faire de bien. La France n'est pas athée, parce qu'elle veut la tolérance ; elle n'est point un repaire de brigands, parce qu'elle veut l'égalité ; elle ne demande point la chûte du trône, parce qu'elle veut la liberté.

Députés de la France, dites bien au Roi que la nation qui, après avoir été la maîtresse du monde, a respecté des traités humilians pour elle, et a payé en cinq années près de 5 milliards d'impôts à ses ennemis avec une résignation merveilleuse, est digne de son amour et de son admiration, et que si quelque chose pouvait nous étonner, ce serait sa modération, j'ai presque dit sa tiédeur. (1)

---

(1) Ceci s'applique principalement aux habitans de la Capitale, qui nécessairement contient dans son foyer très-immense des germes puissans de corruption.

Les grandes capitales conviennent mieux au gouvernement despotique qu'au gouvernement constitutionnel : les tyrans y recrutent leur cour.

Députés de la France, méfiez-vous de la sé-duction des places, de l'or et des grandeurs. Vous devez être, comme la femme de César, à l'abri même du soupçon. Ne permettez pas le retour odieux des priviléges ; que la loi soit égale pour le tambour comme pour le maréchal de France; pour le mousse ainsi que pour l'amiral, pour le dernier garde-champêtre et le premier ministre, pour le premier prince du sang et le Roi lui-même.

Honorables Députés, demandez aux nobles Pairs le jugement de l'homme que je vais nommer, lui seul est la cause des maux qu'on nous promet.

J'accuse et je vous dénonce comme coupable d'attenter à l'honneur et à la stabilité du trône constitutionnel, S. Exc. Mgr. Pasquier, ministre des relations extérieures. Je suis prêt à prouver mon accusation.

Ne souffrez pas qu'un seul jour d'injustice et de terreur nous prive des droits si chèrement acquis par un demi-siècle de travaux, de gloire et de malheurs.

Notre monarchie constitutionnelle a besoin de stabilité pour pousser des racines. Le ministère, jaloux de voir les progrès rapides et paisibles que nous faisons dans la route de la liberté, a jugé à propos de nous la retirer, sachant bien que nous ne serions plus un *peuple serf taillable et corvéable* (1), *à merci et à miséricorde*, si on nous laissait familiariser avec notre constitution représentative.

Permettez-moi d'exposer ici les vœux d'un bon citoyen.

Représentans, elle a sonné, l'heure terrible qui exige de vous la plus grande union, le plus ferme courage; faites taire votre intérêt personnel (2); soyez dignes de votre noble mission; n'allez pas transiger avec l'autorité et avec vos devoirs, si vous ne voulez encourir la haine et le mépris de vos commettans. Montrez un courage iuébranlable: ce n'est point le courage militaire qui nous a jamais manqué, mais souvent le courage civil. C'est sur celui-ci que j'insiste.

---

(1) Expressions de M. Joly de Fleury, contrôleur général des finances sous Louis XVI.

(2) On dit, et j'aime à en douter, que le nombre des ventriloques, des ventrus, ou des vendus, augmente chaque jour. On ne peut mieux caractériser nos ventrus et nos girouettes, qu'en leur appliquant une jolie et mordante épigramme d'Oweu :

Pompeianus ero, si vicerit omnia magnus :
Omnia si Cæsar, Cæsarianus ero.

J'admire moins la mort de d'Assas et de Mar-
ceau, que l'Hôpital s'exposant au massacre de la
St. -Barthélemi ; que Catinat refusant le cordon
bleu de la main de Louis XIV ; que Malesherbes
sacrifiant ses jours à la défense de Louis XVI; que
d'Aguesseau, préférant son honneur à sa place ,
renvoyant au régent les sceaux de France ; que
Saint-Cyr, Dessolles et Louis , préférant renoncer
au ministère que de violer la Charte et nos droits.
Loin d'accorder au gouvernement les lois odieuses
qu'il vous présente , ces lois qui livreraient à la
merci de quelques hommes la nation pieds et
mains liés, rejetez-les avec indignation. La France
attend son salut de votre courage et de votre
union. Craignez de voir renouveler les massacres
et les assassinats de Nîmes, Toulouse , Montpel-
lier , Avignon et Marseille ; les conspirations factices de Grenoble et de Lyon , et les troubles
de la Vendée. Si la faction, ennemie de la liberté,
recommence ces saturnales du crime , pensez-
vous que les libéraux se laisseront égorger comme
de vils troupeaux , et ne craignez-vous pas les
suites d'une défense légitime. ?

Empêchez donc qu'on ne porte atteinte à la
Charte. Je répéterai avec Machiavel , qui a été si
souvent calomnié, parce qu'il a été rarement compris: « Pour qu'un Etat subsiste long-temps, il est

nécessaire de le rappeler souvent au principe de son institution. » Demandez en outre toutes les institutions qu'on nous a promis. « Plus de lois d'exception, plus de majorats, plus de commissions spéciales, civiles et militaires; plus d'exclusions de la Pairie, de la chambre des Députés, de l'Institut, ni de proscription sans jugement, fût-ce même d'un monstre tel que Fouché. Les bannis l'ont été par la loi du 12 janvier 1816; cette loi a rapporté un article de la Charte; mais une loi ne peut pas plus rapporter un article de la Charte, qu'une ordonnance du Roi ne peut abroger une loi, ni avoir force de loi. Qu'on abolisse la loterie, la ferme des jeux, les impôts sur les filles publiques. Que nos lois ne protègent point l'immoralité ! Plus d'impositions indirectes, de priviléges, de corporations ou d'aristocratie populaire; plus de prohibitions, ni de tous les monopoles qui écrasent l'industrie. Qu'on protège l'agriculture et le commerce, ces deux mamelles de l'Etat; qu'on n'oublie pas cette malheureuse marine dont le régime a été confié à un ministre inepte et indifférent sur la situation de tant de braves officiers, et ces Colonies qui attendent encore les lois qu'on leur a promises, de fort moyens de défense et surtout le droit d'avoir des représentans à la chambre populaire.

Qu'on abolisse par le fait, et non en paroles, ce honteux esclavage des hommes de couleur, et cette traite abominable, moyen de le perpétuer. Qn'on respecte enfin le secret des postes. Que les délateurs ne soient plus récompensés, et que l'on renonce à cette horrible police, la plaie des états modernes, inutile à l'état, dangereuse aux honnêtes gens, et qui n'empêche aucun crime. Qu'on détruise l'impôt sur les passe-ports et les passe-ports même. Demandez la suppression du conseil d'état; il est inconstitutionnel et vexatoire, comme tribunal et comme préparant les lois ; qu'il n'existe plus d'autre conseil que celui des ministres. Celui-là seul est utile aux ministres et au roi lui-même. Empêchez par tous vos efforts une trop grande centralisation du pouvoir. Que le théâtre soit libre ; que les comédiens soient forcés de représenter tous les bons ouvrages qui n'offrent rien contre l'État ni contre la morale publique; qu'on établisse un jury pour en décider. Il est honteux de voir le théâtre, qui peut être l'école des mœurs, être soumis à l'arbitraire de la censure la moins éclairée et la plus orgueilleuse. Que les juges d'assises et les jurés ne soient plus des commissaires choisis. Que des cautionnemens n'asservissent plus la pensée du citoyen pauvre, mais éclairé et pur. Qu'on ne renouvelle pas le système d'épuration de 1815. Il fut inventé en 93 par Danton, Marat et Roberspierre. Qu'on nous délivre de ce funeste concordat de 1817 et de celui du consulat qui ne vaut guère mieux. Que la religion de l'Etat et de la majorité nesoit pas une religion dominante. Qu'une égalité parfaite entre tous les cultes, bannisse de la langue constitutionnelle les mots *tolérance religieuse*, qui indiquent plutôt une grace que la justice. Qu'on abolisse la loi immorale de la séparation de corps et de biens, et qu'on rétablisse le divorce en usage chez les peuples qui ont le plus de sagesse et de liberté. Qu'on améliore le régime des hospices, des hôpitaux et des prisons. Demandez une classification exacte et une sage limitation des pouvoirs. Qu'ont remplace une bureaucratie ruineuse par un plan d'économie et de simplification dans l'administration. Que le système municipal nous soit enfin accordé. Que les administrateurs et les juges de paix soient élus par le peuple; que la garde nationale puisse nommer ses officiers et protéger les citoyens au lieu de les vexer. Que les citoyens aient le droit de s'assembler en nombre indéterminé ; car ce droit est un élément indispensable du système représentatif; c'est une conséquence nécessaire de la liberté constitutionnelle. Qu'on ne nous impose plus d'amendes, parce que nous nous serons réunis au nombre de plus de vingt. Qu'on ne nous prive pas plus long-temps du bonheur de secourir les malheureux parganiotes, ces descendans des Thémistocles et des Euripides, victimes du crime du cabinet de St.-James, et du despotisme farouche d'Ali Aga, obligés d'errer avec leurs pénates sur les bords inhospitaliers de l'Épire.

Demandez qu'on propose un projet d'éducation nationale et non jésuitique; qu'on revise avec soin le dédale de nos lois. Qu'on leur donne l'unité nécessaire, et qu'on les mette en harmonie avec la Charte, notre loi fondamentale. Qu'on adoucisse surtout les terribles dispositions du code pénal, ce code de Dracon. Puissions-nous enfin voir abolir à jamais et la peine de la marque et la peine de mort! Tous les philantropes des deux mondes verraient avec plaisir disparaître ces supplices que la nature n'a pas permis à l'homme d'infliger à son semblable, et qui ne permettent point à un juge trompé ou passionné de réparer son erreur ou son injustice.

Demandez enfin comme condition de la stabilité de nos institutions et de la garantie des citoyens, que les ministres du Roi, et que tous les agens du pouvoir soient enfin responsables des actes de leur autorité. (1)

Députés, demandez toutes ces choses qui ne sont que justes. Que ceux qui louaient tant cette faible portion de liberté que plusieurs membres de votre chambre et que votre président même voudraient étouffer, voient tout ce qui nous manque encore pour être vraiment libres. Il est inutile que je donne plus de développement à mes propositions, parce que mieux que moi vous en sentez l'avantage et la nécessité. Réclamez-les donc en faveur de la France contristée. Si une majorité, amie du pouvoir, repousse vos vœux et ceux de la France dont vous êtes l'organe; si votre toge moins heureuse que celle de Cicéron ne peut sauver la patrie et la liberté, protestez contre la violation de la Charte et contre la violation des sermens, et retirez-vous aussitôt pardevers vos commettans. Nul de vous n'a le droit de voter contre l'intérêt de la France, et en dépit de ses vœux clairement énoncés. Mais avant de quitter vos chaises curules, montez à la tribune nationale; qu'elle retentisse de vos patriotiques paroles, de vos regrets et des cris de votre douleur:

____

(1) On peut lire sur ce sujet un ouvrage infiniment remarquable de M. le baron A. de Staël.

ils auront des échos dans toute la France ; le peuple vous bénira et vous nommera les derniers Romains.

Puisse (1) se donner à nous celui que nos larmes implorent ! Ah ! Sire, si vous accordiez à la France tous les bienfaits que votre Charte nous a promis, jamais chef ni souverain n'aurait été plus chéri que vous : alors, Sire, vous seriez le premier citoyen de l'empire, vous n'auriez pas besoin d'étrangers pour vous garder ; vous le seriez par l'amour du peuple , bouclier le plus impénétrable, et il n'est pas un Français qui ne fût jaloux de périr pour défendre un Prince restaurateur de la liberté et sauveur de la Patrie.

Ministres , vos devoirs ont déjà été tracés. Il ne suffit pas de servir le roi constitutionnel , il faut encore avoir en vue le bonheur et le repos de la nation que vous êtes appelé à gouverner, et ne pas cesser de croire que vous êtes citoyen. S'il vous faut des exemples, imitez Suger, d'Amboise, Sully, Pombal, Ximenès, Fox, Turgot, Necker, Malesherbes, Humboldt et St-Cyr. N'oubliez jamais qu'il n'est point de bonne politique sans

---

(1) Lagrimando a colui che se ne presti.

Expression du Dante , le plus grand génie poétique de l'Europe moderne.

morale, et si vous ne voulez pas détruire l'alliance entre le trône et le peuple, préservez-les de la tourmente qui les menace tous deux. Contemplez l'Espagne, foyer de l'héroïsme le plus pur ; voyez dans quel abîme les ministres de Ferdinand viennent de le plonger. Savez-vous quels malheurs lui seraient réservés sans la modération et la générosité du sage Quiroga et du valeureux Mina, sans les mesures calmes et énergiques des nobles membres des Cortès ? Savez-vous quelle sera l'issue de ce combat à mort que se livrent les peuples et les rois ; quelle destinée attend cette Angleterre, dont le gouvernement est si odieux, et dont les citoyens sont si respectables ; de cette vieille terre de la liberté où brillent encore des Holland, des Burdett, des Brougham, des Wilson et des Hobhouse ? Quel sera l'avenir de ces Belges courageux dont le sort a été si long-temps lié au nôtre, qui ont si généreusement accueilli nos proscrits, et que nous ne cesserons d'aimer comme nos frères ? Et ces bons et braves Allemands ; et la belle et malheureuse Italie que nous chérissons à tant de titres ; et ces estimables Haïtiens qui savent faire respecter leur indépendance et leur liberté ; et ces immenses colonies Espagnoles séparées de leur métropole ; ces magnifiques contrées de la Plata et de la Columbia, qui, grace au génie de Bolivar, de Puyzedon, de leurs dignes compagnons, et au glorieux exemple donné par les sages habitans des Etats-Unis, sont presqu'entièrement soumis au système républicain, le plus beau de tous les gouvernemens. Que d'exemples, si vous saviez en profiter !

Il est dangereux d'habituer les peuples à lutter avec leurs gouvernemens et à se faire justice eux-mêmes.

Et toi, peuple français, peuple bon, grand et généreux, peuple laborieux et essentiellement ami de l'ordre, qui n'as besoin que d'être bien dirigé pour être l'objet constant d'admiration et de l'envie des nations étrangères, ne souffre jamais la moindre atteinte à ta constitution, quelque légère qu'elle puisse te paraître. Le premier exemple de sa violation en amènerait d'autres; chaque jour ils se multiplieraient, et ils finiraient par faire loi. Français, respectez toujours vos devoirs, si vous voulez conserver vos droits. Point d'égoïsme, plus de partis, plus d'indifférence; unissez-vous, enfin, ne formez plus qu'un peuple de frères : renouvelez cette admirable journée de la fédération de 1790. Sachez opposer une résistance légale à vos tyrans, et les tyrans seront vaincus. Ne vous laissez point intimider ni arrêter isolément et arbitrairement. Vous voyez le danger qui vous menace : si vos ennemis triomphent, si l'heure de votre esclavage a sonné, vous êtes à jamais indignes du nom de Français, et vous aurez cessé de former une nation. Quel beau spectacle au contraire, quel admirable spectacle ! si ma patrie régnait sur l'Europe, non plus par d'injustes conquêtes, non plus par des guerres cruelles ou des modes frivoles, mais par l'ascendant de ses lumières, de ses vertus, de ses institutions, et la Charte devenait pour nous, ainsi que pour tous les peuples, l'ère bienfaisante et durable de la paix, du bonheur et de la liberté.

FIN.